JN240882

2025 年 1 月 11 日　初版第一刷発行

モデル　真奈
カメラマン　高松あゆみ
スタイリスト　nanaco
ヘアメイク　弾塚凌（女子コーデ）、杏奈（男子コーデ）

特別出演　おっちゃん（猫）

プロデュース　斉藤弘光（株式会社 G － STYLE）
デザイン　山根悠介（Transworld Japan Inc.）

発行者　斉藤弘光
発行元　株式会社 G － STYLE
〒 170-0012　東京都豊島区上池袋 3-39-25
TEL・FAX：03-5980-8642
印刷・製本　株式会社グラフィック

ISBN 978-4-86256-402-3
2025 Printed in Japan
©Transworld Japan Inc.

30th anniversary
photo book

まな1/2

真奈
mana